Bandu Mikindo Josselin

Blessed Aid

Bandu Mikindo Josselin

Blessed Aid

Éditions Croix du Salut

Imprint

Cover image: www.ingimage.com

Publisher:
Éditions Croix du Salut
is a trademark of
International Book Market Service Ltd., member of OmniScriptum Publishing Group
17 Meldrum Street, Beau Bassin 71504, Mauritius
Printed at: see last page
ISBN: 978-620-2-48260-8

BLESSED AID

Table de matieres

INTRODUCTION

Ce présent rapport retrace brièvement le résultat des activités réalisées au cours de l'année 2016. Ces activités ont été réalisées à Goma, Masisi et dans le territoire de Walikale, et ce, grâce aux efforts consentis de certains membres de notre organisation.

CHAPITRE PREMIER

1. Presentation de Blessed Aid

1.1. Historique

Blessed Aid est une organisation non-gouvernementale à caractère humanitaire et de développement créée à Goma, province du Nord-Kivu, en République Démocratique du Congo en date du 15 juillet 2002. Le 15 juillet 2016, les membres de Blessed Aid constituant le Conseil d'Administration, se sont réunis en Assemblée Générale Extraordinaire en vue de reformer la structure de gouvernance et de réviser les statuts portant création en 2002 de leur organisation. L'initiative de la création de Blessed Aid était venue de Monsieur Josselin Bandu Mikindo et qui, par la suite, avait été appuyé par six autres personnes à qui il était conféré la qualité de membres co-fondateurs.

1.2. Mission et objectifs de l'organisation

Blessed Aid a comme mission celle de militer pour consolider la paix au monde, la protection globale et le développement durable au profit de toutes les communautés à travers une culture de dialogue, de la cohabitation pacifique où chacun lutte contre la pauvreté, l'injustice, l'analphabétisme et l'inégalité sociale, et s'est assignée comme objectifs :

- Apporter une assistance humanitaire aux personnes touchées par les catastrophes et les conflits en République Démocratique du Congo et partout au monde ;
- Concourir à l'épanouissement et l'autonomisation de la femme, de l'enfant, de la jeune fille et garçon et de toutes autres personnes vulnérables (orphelins, veuves, enfants nés du VIH, personnes vivant avec les VIH, peuples autochtones, etc) ;
- Contribuer à l'éducation et à la protection de l'enfant et de la femme ;
- Contribuer à la promotion des soins de santé primaires et à la prévention contre les

violences basées sur le genre et les violences sexuelles basées sur le genre ;

- Contribuer au développement durable (protection de l'environnement, lutte contre le réchauffement climatique, etc) et à la bonne gouvernance pour une gestion rationnelle des ressources naturelles au profit des communautés locales ;
- Défense et promotion des droits de l'homme, construction de la paix, la démocratie et la transformation des conflits aux niveaux individuel, social et international ;
- Initier et appuyer les activités agro-pastorales en vue de promouvoir la sécurité alimentaire ;
- Militer pour la protection des civils dans les conflits armés et autres violences.

1.3. Situation et fonctionnement des organes

Blessed Aid compte actuellement cinq principaux organes ayant des missions bien définies dans ses textes légaux. Il s'agit de : l'Assemblée Générale, le Conseil d'Administration, la Commission de Contrôle, la Direction Exécutive et les Bureaux de Représentation à l'Etranger.

1.3.1. L'Assemblée Générale est l'organe suprême de Blessed Aid. Elle est composée du membre fondateur, des membres co-fondateurs, les membres adhérents et les membres d'honneur. Ces deux dernières catégories de membres interviennent avec voix consultative. L'Assemblée Générale se réunit une seule fois l'an et en session extraordinaire chaque fois que les circonstances l'exigent. Pour délibérer valablement, l'A.G doit comprendre au moins la ½ plus un de ses membres en règle avec les cotisations. Si le quorum n'est pas atteint, la tenue de l'A.G est reportée de 48 heures au moins et ne pourra délibérer que lorsque la présence de la moitié de membres plus un est constatée. Ses décisions sont exécutoires et imposables à tous et entrent en vigueur dès leur adoption.

1.3.2. Le Conseil d'Administration est investi des pouvoirs les plus étendus pour la gestion et l'administration de l'organisation, la représentation à l'extérieur dans tous les actes judiciaires et extrajudiciaires, ainsi que pour exécuter les missions lui confiées par l'Assemblée Générale. Toutes les attributions qui ne sont pas expressément réservées par la loi ou par les présents statuts à l'Assemblée Générale sont exercées par le Conseil d'Administration. Le C.A peut déléguer la gestion journalière de l'organisation à un de ses membres ou à des tiers. Il est composé du Fondateur, de membres co-fondateurs et les membres adhérents élus par l'A.G conformément aux statuts de Blessed Aid.

1.3.3. La Commission de Contrôle est constituée de trois commissaires élus par l'A.G pour un mandat de 3 ans renouvelables une seule fois. Elle est composée d'un président, d'un secrétaire et d'un membre. La Commission de Contrôle se réunit deux fois l'an et ce, sur convocation de son président.

1.3.4. La Direction Exécutive veille à la gestion journalière de l'organisation. Le Directeur Exécutif est désigné ou recruté par le Conseil d'Administration selon des critères de compétence préétablis parmi ou en dehors des membres effectifs de Blessed Aid, et ce, en fonction de l'ampleur des activités ou projets exécutés par l'organisation. Il sera assisté par un personnel administratif et technique recruté dans les mêmes conditions.

1.3.5. Les Bureaux de Représentation à l'Etranger. Blessed Aid ouvrira des bureaux de représentation dans différents pays du monde qui porteront la même dénomination à laquelle sera ajouté un suffixe du

nom du lieu ou de la ville d'implantation. Ces bureaux de représentation à l'étranger fonctionneront suivant un Règlement Intérieur adapté aux réalités et aux lois du pays d’implantation et rendront compte au siège (Headquarter) de Blessed Aid.

1.4. Zone d'intervention pour l'année 2016

Pour l'exercice 2016, les activités se sont réalisées à différents niveaux à savoir :

- A Goma où se trouve le Head Office ;
- Au bureau de coordination terrain de Pinga; et
- Dans le territoire de Masisi notamment sur l'axe Rubaya-Kinigi-Katoy et sur l'axe Ngungu-Gasaki-Ruzirantaka.

1.5. Contexte de travail

Les activités réalisées pour l'exercice 2016 se souscrivent dans la dynamique de militer pour la consolidation de la paix, la protection globale et le développement communautaire par une culture de dialogue, de la cohabitation pacifique où chacun lutte contre la pauvreté, l'injustice et l'inégalité sociale. Cette dynamique d'actions entre dans la mission à laquelle Blessed Aid s'était assignée.

CHAPITRE DEUXIEME

2. ACTIVITES REALISEES

2.1. Projet De Prise En Charge Des Enfants Orphelins Et Autres Enfants Vulnerables

Photo de M. George Andrew Synman, Co-Founder de Hands at Work avec des enfants de Luhonga (à gauche) et avec M. Josselin de Blessed Aid (à doite). Juillet 2016.

Ce projet est exécuté à Buhimba, Quartier Lac-vert, en ville de Goma et à Luhonga (7km de Sake), groupement Kamuronza, en territoire de Masisi. Il est financé et exécuté par Hands at Work in Africa. Blessed Aid fait le suivi d'exécution de ce projet sur le terrain en vertu d'un accord de collaboration signé le 15 septembre 2014 entre Blessed Aid et Hands at Work.

Photos des enfants de Luhonga (à gauche) et ceux de Buhimba avec l'un de leurs careworkers (à droite).

La mise en œuvre de ce projet a débuté en octobre 2014 et s'est poursuivi jusque décembre 2016. Au total 80 enfants orphelins et vulnérables sont pris en charge dont 40 à

Buhimba et 40 à Luhonga. Ce projet consiste donc à apporter une assistance alimentaire, médicale et scolaire.

L'assistance alimentaire consiste à offrir de la nourriture à ces enfants pendant six (6) jours de la semaine soit du lundi au samedi avec l'objectif de lutter contrer la malnutrition aigue sévère.

Photos des careworkers en pleine préparation de la nourriture (2016) et des enfants étant en trait de manger.

L'assistance médicale consiste aussi à amener à l'hôpital ou au centre de santé, les enfants qui tombent malades.

Photo d'un enfant malade assisté par M. George lors de sa visite à Goma en juillet 2016. (Centre de santé Armée du salut à Kimoka/Sake).

Le programme de prise en charge des enfants en éducation de base consiste aujourd'hui à amener dans les écoles publiques ou privées les enfants en âge scolaire et dont les parents ne sont pas à mesure de le faire. Pour l'année 2016, 27 enfants ont été inscrits à l'école primaire dont 17 à Buhimba et 10 à Luhonga.

Les frais scolaires, les objets classiques et les uniformes sont donnés gratuitement à ces enfants pour leur permettre de bien étudier comme les autres enfants de ce monde.

Les enfants en plein cours à Luhonga (1ère photo à gauche) et les autres inscrits dans une école publique (à droite)

2.2. Programme de defense et promotion des droits de l'homme

2.2.1. Du renforcement des capacités

Au cours du mois de février 2016, notre organisation a été invitée à participer à un atelier de formation organisé à Goma par le Centre International pour la Justice Transitionnelle, ICTJ et dont l'objet était de renforcer les capacités des acteurs de la société civile sur l'**intégration des éléments contextuels des incidents et violations documentés par les organisations de la société civile : l'importance des éléments contextuels dans la documentation des crimes internationaux.**

Lors d'un atelier de formation organisé à Goma par ICTJ, en février 2016

En avril 2016, Blessed Aid a encore participé à un atelier de renforcement des capacités sur la protection des victimes des crimes internationaux. Organisé à Goma par le Bureau Conjoint des Nations Unies aux Droits de l'Homme (BCNUDH), cet atelier avait eu comme objet d'aider les points focaux impliqués dans le dossier Habarugira d'avoir les outils nécessaires en rapport avec la protection des victimes des crimes internationaux commis entre 2011, 2012 et 2013 par cet ancien Colonel du groupe armé « Nyatura » dans les groupements Ufamandu I, Kibabi et Ngungu.

Photos prises le 21/04/2016 lors de l'atelier de formation organisé à Goma par le BCNUDH.

Le 08 avril 2016, Blessed Aid a organisé une séance de restitution de l'atelier de formation organisé à Goma en décembre 2015 par Avocats Sans Frontières sur les crimes internationaux.

Les participants à cette séance de restitution étaient constitués de quelques membres du staff de Blessed Aid de Goma et d'autres invités dont deux journalistes.

Photos prises en pleine séance de restitution organisée à Goma par Blessed Aid et animée par M. Josselin Bandu Mikindo

Le 15 août 2016, Blessed Aid a encore été invitée par ICTJ Goma au lancement officiel du Guide de la complémentarité : **Introduction quant au rôle des juridictions nationales et de la Cour pénales internationales dans les poursuites des crimes internationaux**.

2.2.2. De l'identification et la sensibilisation des victimes des crimes internationaux.

L'année 2016 a été caractérisée par la poursuite de deux dossiers phares auxquels Blessed Aid participe activement. Il s'agit du dossier dit « Pinga » et le dossier dit « Habarugira ».

En effet, c'est depuis le début de l'année 2015 que Blessed Aid a documenté sur les crimes internationaux commis dans le secteur de Pinga par différents groupes armés dont le NDC, l'APCLS, les Nyatura, les FDLR et les FARDC. Ce projet est exécuté grâce aux appuis techniques et financiers d'Avocats Sans Frontières (ASF-Belgique).

Une mission d'identification et sensibilisation des victimes, témoins et leurs auteurs avait eu lieu en 2015 et deux autres ont eu lieu en 2016 respectivement en juillet et novembre 2016. Ces missions sont effectuées en perspectives des auditions qui auront lieu très prochainement par la Cour militaire opérationnelle du Nord-Kivu.

Dans le deuxième dossier dit « Habarugira » Blessed Aid intervient avec l'appui technique et financier d'ASF, dans la sensibilisation, l'identification, l'orientation et l'encadrement des victimes des crimes internationaux. Pour rappel, Habarugira fut un chef du groupe armé « Nyatura » qui a occupé le secteur de Katoy et Ngungu, groupement Ufamandu I, Kibabi et Ngungu, en territoire de Masisi, et a été à la base de la commission de plusieurs crimes des droits communs et internationaux par meurtre, recrutement d'enfants, viols sexuels, travaux forcés, pillage, incendie des maisons, etc. arrêté depuis le 08/08/2014 par les militaires de FARDC du 83ème secteur basé à Rubaya, groupement Matanda.

Plus de 120 victimes avaient été identifiées par les points focaux du BCNUDH et en début de l'année 2016, la Cour militaire opérationnelle mène des auditions dans la base de la Monusco à Sake de ces différentes victimes et témoins.

2.2.3. D'autres actions menées en 2016 dans le cadre de la défense et promotion des droits de l'homme.

Dans le cadre de la protection des droits de l'homme et libertés publiques dans le contexte électoral, Blessed Aid a, en 2016, fait le monitoring et collecte des données lors des manifestations publiques organisées à Goma par la classe politique de la RDC mais aussi les membres de structures citoyennes comme Lucha, Filimbi, etc.

Le 19 septembre, par exemple, Blessed Aid est allée à l'hôpital CEBCA/Ndosho documenter quelques cas de personnes blessées par balle par les policiers pendant les manifestations.

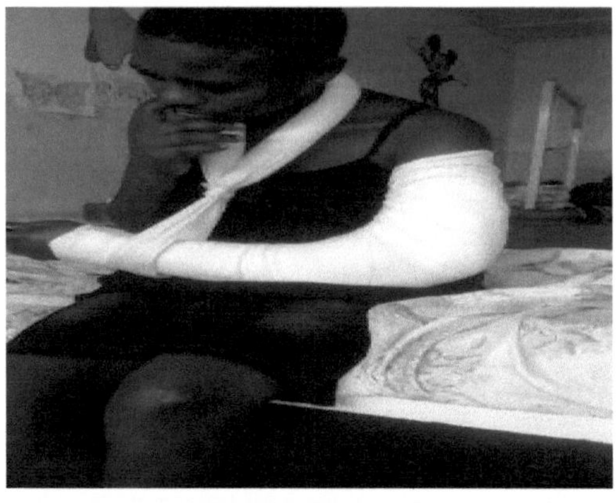

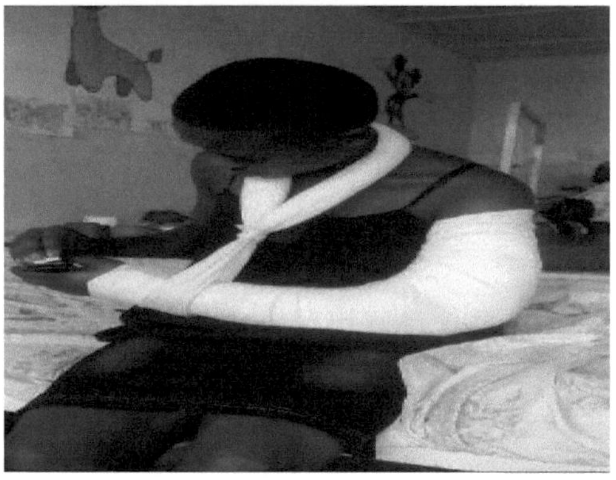

Une fille de 16 ans blessée par balle par les policiers lors des manifestations du 19 septembre 2016.

2.3. Programme de promotion de la Paix, la Democratie et la Cohabitation Pacifique

Depuis 2014, Blessed Aid mène des activités de sensibilisation sur la paix, la cohabitation pacifique, le VIH/SIDA, le GBV et les SGBV dans les écoles primaires et secondaire de la ville de Goma. Lesdites activités sont réalisées en collaboration avec Peace One Day et Coaches Across Continents (USA).

Le 28 février 2016, par exemple, Blessed Aid a organisé une activité de match de foot ball opposant les filles de l'école primaire Ushindi et celles de l'école primaire Josué à Ndosho.

Nous en profitons aussi pour sensibiliser les autorités scolaires sur les maladies sexuellement transmissibles (MST) et le VIH/SIDA, les violences basées sur le genre

(GBV) et les violences sexuelles basées sur le genre (SGBV).

Dans le cadre de la célébration de la journée internationale de la paix, célébrée le 21 septembre de chaqu'année, une coalition de 12 organisations sur la paix dont Blessed Aid, a organisé, en 2016, un certain nombre d'activités pour cette journée internationale de la paix dont une conférence de presse tenue au Kivu Séjour.

Conférence de presse organisée par la coalition de 12 organisations sur la paix dont Blessed Aid, Goma 2016

Peace One Day a au cours de l'année 2016, disponibilisé au sein de Blessed Aid 13 posters devant servir pour la sensibilisation sur la paix aux différentes écoles de la ville de Goma. Aussitôt réceptionnés, Blessed Aid a directement procédé à leur distribution dans les écoles dont l'E.P Birema II.

2.4. Formation des jeunes en nouvelles technologies

En juin 2016, Blessed Aid a mis en place un secrétariat public dans lequel nombreux services sont offerts aux jeunes et autres personnes intéressées. Il s'agit notamment des services comme formation en informatique, saisie et impression de documents, scans, reliures, photocopie blanc et en couleur.

Secrétariat public mis en place en 2016 par Blessed Aid.

Nous profitons de cet espace pour sensibiliser le public sur l'enregistrement gratuit des enfants et des mariages à l'Etat civil et au respect des droits de l'homme et libertés publiques dans le contexte électoral notamment le droit aux manifestations publiques pacifiques.

3. Des sources des financements

La réalisation de nos activités durant toute l'année 2016 a été rendue possible d'abord grâce au sacrifice ardent de membres de Blessed Aid à travers son Head office se trouvant à Goma et ses bureaux de coordination terrain éparpillés à travers l'intérieur de la province du Nord-Kivu à savoir Pinga, Kibua, Walikale centre (en territoire de Walikale) et Masisi centre (en territoire de Masisi). Nous devons aussi remercier Avocats Sans Frontières (ASF-Belgique) et Hands at Work, pour avoir appuyé techniquement et financièrement certaines activités de Blessed Aid au cours de l'année 2016. Nous n'ignorons pas aussi la collaboration que notre organisation a pu entretenir pendant toute l'année 2016 avec certaines organisations internationales telles que, par exemple, Human Rights Watch, ICTJ, Peace One Day et Coaches Across Continents (USA).

DIFFICULTES

Les difficultés rencontrées pendant toute l'année 2016 sont surtout d'ordre financier et logistique. Comme dit ci-haut, seulement deux partenaires ont financé quelques activités de Blessed Aid. Il s'agit d'Avocats Sans Frontières et de Hands at Work qui ont respectivement continué à appuyer techniquement et financièrement les dossiers dits « Pinga » et « Habarugira » dans le cadre du programme de lutte contre les crimes ordinaires et internationaux et de prise en charge des enfants orphelins et autres enfants vulnérables de Buhimba et de Luhonga.

SUGGESTIONS

Nous suggérons aux organisations humanitaires nationales et internationales, aux personnes de bonne volonté, aux gouvernements des pays du monde, de bien vouloir nous accompagner dans le travail noble que nous effectuons sur le terrain afin que les communautés avec lesquelles nous travaillons soient les bénéficiaires directes.

Fait à Goma, le 10 janvier 2017

Josselin Bandu Mikindo

Président, Blessed Aid

Printed by Books on Demand GmbH, Norderstedt / Germany